JN410187

# 봄풀의 노래

김사강 시집

신아출판사

# 봄풀의 노래

# ‖ 감삿말 ‖

생각지도 못한 기회機會다

없는 살림에 그간 한푼도 보상補償 받지 못한 문학文學에 대對한 보상補償의 꿈이다.

한순간瞬間 꿈을 꾸게 한 서정환 사장님에게 감사感謝 드린다.

더 좋은 글이 있으면 좋겠지만 벼락에 콩 볶아먹듯 급조急造된 시편 詩篇들이어서 그동안 맘에 들지 않아서 버렸던 자식子息들을 내보내는 내 심정心情 모두가 이해理解 바란다.

아직 집나간 자식子息들이 많다.

# 차례



## 작은시론

# 시

## 1부

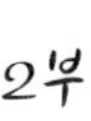

## 3부

# 작은 시론

# 작은 시론

「오래전前 내가 필요必要로 해서 여러 서책書册에서 옮겨 온 것에 나의 생각을 조금 피력披瀝하였음을 밝혀 둔다.

너무 나무라지 않았음 한다.

무지렁이가 문외한門外漢이 지식知識을 얻는 데는 서책書册밖에 믿을 곳이 없어서 부족不足한 내 생각을 보완補完하는데 남의 생각을 남의 노력努力을 빌려 왔음을 재차再次 밝혀 두고 너그러운 이해理解를 바란다.」

# 내가 시론時論을 쓰는 이유理由

내가 깊이가 없고 폭幅은 좁지만 완전完全하지 않은 시론詩論이라도 쓰려고 하는 것은 시詩를 읽는 이에게 조금이나마 도움을 주기 위해서다. 내가 기록記錄한 시론詩論이 시詩를 읽는 이에게 혼선混線이 없기를 바란다.

내가 쓰는 시론詩論은 〈작은 시론詩論〉에 불과不過하다.

이 시론詩論은 시詩를 쓰는 이에게는 도움이 되지 못하는 것이고 시詩를 하려고 하는 이에게도 방해妨害가 될 것이다.

즉卽 시론詩論이라는 것은 시인詩人에게는 소용이 없는 것이기 때문도 하지만 시론詩論을 알면 이론가理論家는 될 수 있어도 제대로 된 시인詩人이 될 수 없기 때문이고 시론詩論이 오히려 걸림돌이 될 수 있기 때문이다.

언어言語가 생각을 방해妨害 하듯이 시론詩論은 시창작詩創作에 방해妨害가 될 수 있다는 까닭에서다.

# 시詩를 하려는 이의 자세

요즘 발표發表되는 글들을 볼라치면 일기日記나 잡문雜文에 시詩의 겉옷만을 빌려와 포장包裝해서 시詩라고 내놓는 것들이 많다. 최소한最小限의 음악성音樂性도 최소한最小限의 감흥感興도 최소한最小限의 언어조탁言語彫琢도 없이 눈속임하는 글들이 많다.

이는 시인詩人이라는 이름으로 스스로의 영역확대領域擴大를 포기抛棄하는 아니 그나마 있던 영역領域조차도 잃는 결과結果를 초래招來하는 짓이다. 이렇게 무미건조無味乾燥한 글들이 다투어 나오는 이유理由가 뭘까. 어디서부터 그릇된 것일까.

작품作品이 없으면 내놓지 않으면 되는 것을 꼭 누구에겐가 협박脅迫〈겁박怯迫〉당當하듯이 서로 다투어 내놓는 것은 현대現代의 조급증躁急症의 발로發露인가.

진정眞正 시인詩人이라면 독자讀者들을 대상對象으로 눈속임하는 것보다 스스로에게 눈속임하기가 더 어려울 터 부끄러움을 먼저 느낄 것이다. 다시 말하면 스스로 만족滿足할만한 〈만족滿足이란 없겠지만〉 작품作品이 없다면 발표發表하지 않는 것이 시인詩人으로서의 자존감自尊感을 지키는 것이 아닐까 한다.

내심內心 고민苦悶하지 않고 고뇌苦惱하지 않고 무심코 내놓는 글들이 잡문雜文의 판 속이 되고 그 판 속이 곧 시인詩人들에게는 치명적致命的 영역손실領域損失로 이어져 설자리를 잃고 마는 결과結果를 낳게 되는 것이다.

# 일반언어一般言語 그리고 특수언어特殊言語

나는 언젠가 시어詩語라는 것에 대對하여 언급言及한 적이 있다. 〈시어詩語라는 것은 일상언어日常言語가 곧 시어詩語가 된다.〉라고 한 적이 있다. 그렇다고 일상언어日常言語가 시어詩語로서 바로 쓰인다는 것은 아니다. 일상언어日常言語는 재료材料일뿐 시어詩語로서 적용適用하려면 언어言語의 조탁彫琢이 필요必要한 것이다. 시詩의 작업作業이라는 것은 일반언어一般言語 즉 일상언어日常言語를 가지고 특수언어特殊言語로 조탁彫琢하여 자연自然과 우주宇宙와 생명生命을 새롭게 창조創造하여 현현顯現하는 작업作業인 것이다. 조각가彫刻家가 흔한 돌을 가지고 조탁彫琢하여 생명生命을 불어 넣어 특별特別한 작품作品을 만드는 것과 같이 시인詩人은 일반언어一般言語를 특수特殊한 언어言語로 만들어 조화調和와 통일統一을 통하여 새로운 생명生命 새로운 자연自然 새로운 우주宇宙를 창조創造하는 작업作業이라 할 수 있다. 그러나 요즘 시인詩人들은 언어言語의 조탁彫琢을 잃어버린 듯하다. 일반어一般語의 특수언어화特殊言語化, 이를 잊고서 詩의 겉옷만으로 잡문雜文을 치장治粧하여 독자讀者들을 눈속임하기에 급급急急한 것은 아닌지 시인詩人이라면 한번쯤 신중愼重한 고민苦悶을 해야 하지 않을까 싶다.

# 함축含蓄과 압축壓縮

함축含蓄이란 한자漢字에서도 뜻이 박혀 있듯이 머금어 간직한다라는 의미意味다. 즉卽 여러 가지 재료材料가 한곳에 뒤엉켜서 새로운 의미意味를 가진다는 것으로 압축壓縮과는 다르다.

압축壓縮이라는 것은 단순單純히 눌러서 줄인다는 형태形態만의 변화의미變化意味를 가지고 있지만 함축含蓄이란 형태形態뿐 아니라 성질性質이 바뀌고 그 속에 새로운 의미意味를 함께 가진다는 것이다. 요즘 시詩를 하려는 사람들 중中에는 이 함축含蓄과 압축壓縮의 다름을 인식認識하지 못하고 동일시同一視하는 사람이 많다고 생각 된다.

〈함축미含蓄美는 함축적含蓄的 비유적比喩的 의미意味에 내포內包된 이미지와 연상심리聯想心理에 의依해서 재생再生되는 상상想像의 아름다움이다.

시어詩語는 지시적指示的 의미意味 〈denotation〉와 함축적含蓄的 의미意味가 형성形成하는 적절適切한 긴장緊張을 동반同伴해야 한다.

지시적指示的 의미意味에 덧붙어 다니는 연상聯想을 함축적含蓄的 의미意味라 하고 반면反面 사회적社會的으로 공인公認된 비개인적非個人的인 것 즉卽 지시적指示的, 개념적概念的

의미意味 〈conceptuar meaning〉 라 할 수 있다. 〈예例〉 사전적辭典的 의미意味, 문맥적文脈的 의미意味〉 여기서 동의어同義語를 한번 짚고 넘어가야 할 것 같다.

동의어同義語는 지시적指示的 의미意味에서는 같은 의미意味지만 함축적含蓄的 의미意味에서는 서로 다르다는 것이다. 예例를 들면 〈개똥벌레〉와 〈반딧불〉은 사전적辭典的, 지시적指示的 의미意味에서는 같으나 함축적含蓄的 의미意味에서는 다르다는 것이다. 〈반딧불〉은 들어서 좋은 느낌을 주지만 〈개똥벌레〉는 그렇지 않은 것이다.

함축含蓄이라 함은 언어言語가 가지고 있는 이미지〈image〉인 것이다. 단순單純히 겉으로 드러난 사전적辭典的인 것이 아니고 〈나무〉라는 단어單語가 있다면 그 단어單語 뒤에 아니, 단어單語 안에서 풍겨지는 향기香氣 모양模樣 색깔 쓰임새 기능技能 등等의 구체적具體的인 이미지〈image〉인 것이다.

# 소재素材 그리고 제재題材와 주제主題

소재素材라는 것은 글에서 으뜸이 되는 재료材料로서 아직 가공加工이 되지 않은 보석寶石의 원석原石과 같은 것을 의미意味하는 것으로 세상世上에서 일어나는 것과 존재存在하는 것 존재存在하지 않는 상상想像 모든 것이 소재素材가 될 수 있다. 즉卽, 눈에 비치는 것, 생각, 느낌, 자연自然, 우주宇宙와 신神까지도 소재素材가 되는 것이다.

제재題材라는 것은 소재素材가 가지고 있는 특징特徵이나 속성屬性을 말하는 것으로 시詩를 하려는 사람이 그 속성屬性 중中에서 선택選擇한 것이나 그 화제話題를 말한다.

주제主題는 글에서 핵심核心이 되는 중심中心사상思想을 말하는데 제재題材를 가지고 그 속에 의미意味를 부여賦與했을 때 그 의미意味가 향向하는 정신적精神的 중심中心사상思想이 곧 주제主題가 되는 것이다.

소재素材는 작가作家들마다 같을 수 있지만 제재題材와 주제主題는 같을 수 없다. 이는 소재素材는 창작이전創作以前의 단계段階이고 제재題材와 주제主題는 창작創作의 과정過程을 통通해서 나오는 것이기 때문이다.

단但, 제재題材가 소재素材가 되는 경우도 있다. 그러나 주제主題는 작품作品의 결정체結晶體이고 결과물結果物이다.

소재素材가 큰 덩어리, 모든 것을 내포內包한 것이라면

제재題材는 구체적具體的이고 그 구체적具體的인 것의 갈래라 여기면 족足할 것이다. 그러나 보편적普遍的으로 소재素材와 제재題材는 같은 의미意味로 쓰이는 것 같다.

# 음악성音樂性 〈리듬rhythm〉

일반적一般的으로 음악音樂이란 특수기호特殊記號를 써서 오선지五線紙나 또 다른 형태形態의 그림을 통通하여 선율旋律을 표기表記하고 그곳에 곡조曲調를 붙인 것을 말한다. 그러나 그림에도 몸의 율동律動에도 나뭇가지의 흔들림, 바람의 움직임, 그 어느 것에도 음악音樂이 흐르는 것처럼 우리가 쓰는 언어言語에도 음악音樂이 흐르는 것이다.

언어言語에는 고저장단高低長短이 있어 우리가 의식意識하고 하는 것은 아니지만 자연自然스레 흐르고 있는 것이다. 그렇다고 무조건無條件 쓴다고 음악音樂이 되는가. 아니다. 조화調和와 화합和合이 있어야 잡음雜音 소음騷音이 아닌 진정眞正한 음악音樂이 되는 것이다.

시詩를 하는 사람은 특特히 산문散文하는 사람들과 달라서 소설小說이나 수필隨筆에서는 필요必要로 하지 않는 음악音樂을 실어내야 하는 것이다.

# 감각感覺 그리고 정서情緖

〈고故 미당未堂 서정주徐廷柱 시인詩人은 〈시詩의 감각感覺과 정서情緖와 예지叡智〉라는 시詩note에서 감각感覺과 정서情緖에 대對하여 〈아무래도 시인詩人은 맨 처음 감각感覺의 표현表現에서 비롯하는 상 싶다.

기쁨과 서러움의 모든 감각感覺을 차고 덥고 달고 쓰고 밉고 예쁜 등等의 - 모든 색色, 성聲, 향香, 청淸, 탁濁의 감각형태感覺形態를 감각적感覺的인 효과效果 그대로 전달傳達하기 위하여 표현表現하려고 애쓰는 상 싶다.〉 〈나는 정서표현情緖表現의 능력能力을 들으려 한다. 감각感覺은 순간적瞬間的인 것이요. 정서情緖가 비교적比較的 지속持續하는 것이라는 것쯤은 여러분이 더 잘 알줄로 안다.

애인愛人의 보드라운 피부皮膚, 신선한 바람, 샴페인〈champagne〉 사이다〈cider〉나 아이스크림〈ice cream〉 - 그런 것을 접촉接觸하는 것이 감각感覺이라면 몇 해가 지나도 잊혀지지 않는 애인愛人의 전기억全記憶, 쌓이고 쌓인 식민지인植民地人의 애수哀愁, 경주慶州에 가면 경주慶州를 느끼고 영변寧邊에 살면서 영변寧邊을 느끼는 것 등等은 일종一種의 정서情緖다.

모든 감각感覺이 오랫동안 종합축적綜合蓄積된 것, - 잊어버리려 하였으나 잊혀지지 않는 고향故鄕이라든지 사랑 등等이 있다면 그것은 정서적情緒的 경지境地다. 그러므로 감각感覺의 시詩가 순간적瞬間的이요 향락享樂정태情態를 표현表現함에 반反하여, 정서情緖의 시詩는 비교적比較的 항구恒久한 정태情態를 표현表現하려 한다. 표현表現하지 않고는 견디지 못한다.〉라고 기록記錄했다.

감각感覺이라는 것은 우리 몸에 있는 감각기관感覺器官을 통通하여 전달傳達되는 모든 것을 말한다. 그에 반反해 정서情緖는 기억記憶에 의존依存한다. 가슴에 의존依存한다. 어떤 사물事物이나 현상現想에서 느껴지는 감정感情 또는 정신상태情神狀態를 말한다.

감각적感覺的 표현表現을 일차적一次的 표현表現이라면 정서적情緖的 표현表現은 그보다 한 차원次元 높은 것이다.

# 여백미餘白美

여백餘白이라는 것은 다 채우고 남은 공간空間을 말한다.

반면反面, 공백空白이라는 것은 더 채울 것이 있음에도 채우지 못한 공간空間을 말하는 것이다.

여백餘白이라는 것은 그림이나 글에서 예술성藝術性의 심도深度를 위爲하여 일부러 비워 두는 것으로 그림에서는 동양화東洋畵에서 많이 보이고 글에서는 시詩에서 많이 보인다.

여백餘白은 행간行間에도 연간聯間에도 있고 여백餘白은 여운餘韻을 남기기도 한다. 그리고 글을 전반적全般的으로 정갈한 선비같이 하고 단아端雅한 여인女人같이 한다. 여백餘白이 클수록 선시仙詩 신시神詩에 가깝게 도달到達할 수 있다.

# 낯설게 하기와 사이비진술似而非陳述

〈낯설게 하기〈defamiliarization〉는 형식주의形式主義 비평가批評家〈formalists〉들이 내세운 말이다.

소재素材, 주제主題, 제목題目, 표현表現이 모두 참신斬新하여 낯설어야 한다는 주장主張이다. 창작문創作文의 생명生命은 표현表現된 언어言語의 새로움, 낯섦이 선행요건先行要件이다. 그리고, 그 낯섦이 무모無謀한 낯섦이 아니라 읽는이의 공감대共感帶를 광범廣範하게 점유占有할 수 있어야 한다.〉

〈사이비진술似而非陳述〈pseudo-statement〉은 형식논리상形式論理上으로는 성립成立되지만 인식논리認識論理로 보면 성립成立되지 않는다. 이것이 시詩의 아이러니〈irony〉다.

형식논리상形式論理上으로는 모순矛盾이 없지만 인식논리認識論理로는 거짓이다. 이 의미상意味上모순矛盾의 조화調和가 시詩의 긴장緊張〈tension〉을 유지維持시켜 주기도 한다.

사이비진술似而非陳述은 사실事實의 세계世界〈현상계現象界의 현상現象〉에서는 거짓이다. 그러나 시詩의 세계世界에서는 진실眞實이다. 〈진실眞實인 거짓말〉 이것이 시詩의 표현表現이다.

최근最近에는 시詩뿐 아니라 산문散文에서도 사이비진술似而非陳述, 아이러니〈irony〉, 역설逆說〈paradox〉이 자주 쓰인다.

특特히 작품作品의 제목題目들이 그러하다.

〈개가 무화과를 먹었다. 하면 시詩가 못 되지만, 무화과가 개를 먹었다. 하면 시詩가 된다. 〉 - 〈니시와키 西脇順三郎〉의 말이다. 사이비진술似而非陳述의 단적端的 예例다.〉

〈콜리지〈Coleridge. S. T.〉는 과학자科學者는 물을 $H_2O$라 하고, 시인詩人은 물을 소곤거리고 살랑거리고 잔잔하고 푸르다고 한다. 이는 시적詩的 의미意味 그리고 함축적含蓄的 의미意味〈connotation〉의 단적端的인 예例다.〉

# 이미지〈image〉의 형상形象 그리고 오감五感 그리고 공감각적共感覺的 이미지

세상世上에 존재存在하거나 상상想像의 것, 미물微物에서 우주宇宙 그리고 신神의 영역領域까지의 세계世界는 어느 것이든 어떤 형태形態로든 이미지를 가지고 있다.

시詩를 하려는 사람은 그 이미지들을 잡아내어 새로운 이미지로의 형상화形象化를 해야만 한다. 그 새로운 이미지의 형상화形象化 작업作業이 창조創造라 해도 좋고 창작創作이라 해도 좋다.

서로 다른 시간時間과 공간空間의 것들이 만나서 사람의 오감五感을 통通해 표현表現 될 때 참신斬新한 이미지가 탄생誕生하는 것이다. 이미지라는 것은 산문散文 운문韻文 할 것 없이 존재存在하지만 시詩에서의 이미지는 함축적含蓄的인 이미지인 것이다.

오감五感이라는 것은 사람의 감각기관感覺器官을 중심中心으로 하는 미각味覺, 후각嗅覺, 시각視覺, 청각聽覺, 촉각觸覺이 다섯 가지의 감각感覺을 말하고 미각味覺은 맛을 후각嗅覺은 냄새를 시각視覺은 보이는 것을 청각聽覺은 소리를 촉각觸覺은 피부로 느끼는 느낌을 말한다.

사람은 오감五感을 통해서 사물事物을 세상世上을 받아들이고 생각하고 반응反應한다. 그러므로 시詩를 하는 사람도 사람인지라 오감五感을 통해서 시詩를 쓴다. 또한 독자讀者들도 사람인지라 시詩를 읽고 느끼는 것 또한 같은 이치理致다.

보통普通은 시詩를 표현表現할 때 후각嗅覺이면 후각嗅覺, 시각視覺이면 시각視覺의 한 이미지를 쓰는데 반反해 공감각적共感覺的 이미지는 두 가지 이상以上의 감각기능感覺機能을 동시同時에 나타내는 표현기법表現技法인 것이다. 예例를 들자면 〈푸른 종소리〉 〈꿈틀거리는 붉은 햇덩이〉 푸르다는 시각視覺, 종鐘소리는 청각聽覺 꿈틀거린다는 촉각觸覺, 붉다는 시각視覺이다. 이처럼 한 곳에서 두 가지 이상以上의 이미지가 동시同時에 겹쳐서 나타나는 이미지 작용作用을 공감각적共感覺的 이미지라 한다. 이는 단순單純 이미지에 비比해 풍족豊足한 표현 기법表現 技法인 셈이다.

이외以外에 육감六感이란 것이 있는데 이 육감六感의 이미지는 예지豫知의 이미지로 영감靈感〈inspiration〉이고 신神의 영역領域이라 해도 좋고 미래未來에 대한 예시豫示라 해도 좋고 계시啓示라 해도 좋다. 이는 시詩의 특성상特性上 시詩가 미래未來에 대對한 계시능력啓示能力을 지니고 있다는 것이 된다.

# 자연성自然性 그리고 일관성一貫性

자연自然이 아름다운 것은 꾸미지 않고 자연自然스럽기 때문에 아름다운 것이다.

꽃은 억지抑止로 꾸미지 않아도 아름답고 나무는 제멋대로 자라지만 벌레도 먹고 상처傷處투성이지만 그 나름대로 매력적魅力的이다. 이는 자연自然스러움에서 드러나는 매력魅力이고 아름다움인 것이다.

〈자연自然스러운 것은 모두 다 아름답다고 해도 과언過言이 아니다.〉 그렇듯 시詩를 하는 사람은 시詩를 할 때에 시詩에 자연自然스러움을 담아내야 한다. 여기서 자연自然스러움은 억지抑止스럽지 않아야 한다는 것이고 언어 선택言語 選擇에 행간行間에 연간聯間에 의미意味에 모든 것이 자연自然스러움이, 아니, 자연自然스럽다 라는 것조차 느끼지 못하게 자연自然스러워야 한다.

독자讀者들이 읽어서 공감共感할 수 있는 타당성妥當性과 단어單語 하나에도 매끄러움이 있어야 한다. 그 매끄러움이 일관성一貫性인데 한 시詩 안에서 서로 어울리지 않는 시상詩想이나 단어單語들은 읽어서 거부감拒否感을 주는 것이기에 서로 통일적統一的인 서로 긴밀緊密한 구조構造와 그에 필요必要한 언어言語와 수사修辭를 사용使用하고 소재素材 제재題材 주제主題로의 흐름이 마땅히 일관성一貫性이 있어야 하는 것이다.

전체적全體的 이미지에도 일관성一貫性은 물론勿論이다.

# 시詩의 장단長短 그리고 언어言語의 양量

영양소營養素라는 것은 잔盞에 담기는 물과 같아서 차면 넘치고 모자라면 담아낸다. 계영배戒盈盃의 이치理致와 같은 것이다.

모자라면 채워야 하고 넘치면 덜어내는 중용中庸이다.

시詩에 있어서 시詩의 길고 짧음은 문제問題가 되지 않는다. 언어言語의 양量 또한 문제問題가 되지 않는다.

다만, 적절適切한 곳에 적절適切한 언어言語를 필요必要로 하는 곳에 필요必要한 만큼의 언어言語와 영양소營養素를 제공提供하고 절제節制와 공급供給의 균형均衡이 있을 때 건강健康한 시詩가 되는 것이다.

시詩에서 필요必要하다면 열심히 영양소營養素를 공급供給하는 것이 시詩를 하는 사람의 일이 아니겠는가. 또한 불필요不必要한 영양소營養素는 제거除去하고 절제節制하는 것, 이것도 시詩를 하는 사람의 일이 아니겠는가.

## 기교技巧

〈모든 현대인現代人은 절망絶望한다. 절망絶望은 기교技巧를 낳고, 그 기교技巧 때문에 또 절망絶望한다.〉 - 〈이상李箱. 〈김해경金海卿〉 오감도烏瞰圖. 날개. 이상異常한 가역반응可逆反應〉는 말은 이상李箱이 남긴 말이다. 기교技巧라는 것은 참으로 어설픈 것이어서 잘못 부리면 위험危險한 것이 되는 것이다.

차라리 기교技巧 없이 하는 것이 무리無理한 기교技巧보다는 나은 것이다. 그만큼 기교技巧라는 것은 예민銳敏하고 난처難處한 존재存在다.

사람들마다 나름대로 기교技巧를 부려 시詩를 쓰지만 그 기교技巧가 오히려 시詩를 망치는 결과結果를 초래招來하기도 하는 것이다. 꼭 이 기교技巧를 부리려 한다면 신중愼重히 해야 할 것이다. 그럼 기교技巧라는 것이 무엇인가.

언어言語도 화장化粧을 하고 치장治粧을 하는데 그것은 수사능력修辭能力이 되는 것으로 언어言語의 기교技巧라 할 수 있을 것이다. 〈수사법 참조修辭法 參照〉 동그라미를 알까. 네모진 것을 알까. 동그라미와 네모 짓을 알까. 세모, 아니, 제멋대로의 하늘을 볼까. 아니 자유自由로운 목숨을 알까.

기교技巧라는 것은 생명生命이 있지만 형태形態나 진실眞實은 없는 것, 단지但只, 생명生命이 있다가도 없는 것, 그것이

기교技巧다.

우리는 항상恒常 기교技巧를 동경憧憬하지만 목숨의 존폐存廢를 두려워한다. 이는 시詩를 하는 사람이라면 누구나 느끼는 기교技巧에 대對한 두려움이고 이를 극복克服하기에 처절悽絶함이 있음은 누구나 부인否認하지 못할 것이다.

기교技巧, 필요必要하다. 중요重要하다. 그러나 진실眞實로 시詩를 하는 사람이라면 두려움을 먼저 느낄 것이다.

# 시詩는 시론詩論에 우선優先한다.

시詩는 시론詩論에 우선優先한다. 이는 시詩가 무엇인가라는 물음에 대對한 해답解答은 시詩에서 찾아야 한다는 것이다.

시詩의 생성生成은 인류人類의 탄생誕生 이후以後 생성生成과 소멸消滅 속에서 진화進化하던, 어느 시점時點이 아닐까한다.

언어言語가 생기기 전前 몸짓으로 그리고 단순單純한 소리로 그리고 벽화壁畵나 암각화巖刻畵를 통通하여 자연自然에 대對한 두려움과 자연自然속에서 자연自然의 생성生成과 소멸消滅 속에서 생겨난 두려움은 자연自然에 대對한 경외감敬畏感에서 숭배형태崇拜形態로 그리고 신神이 생겨나고 그리고 신神들에 대對한 제사의식祭祀儀式이 생겨나고 감사感謝와 두려움 그리고 소망所望을 담아냈을 것이다. 그것이, 그들의 몸짓이 소리가 그림이 곧 시詩가 아니었을까 한다.

어찌 보면 시詩라는 것은 자연自然에 대對한 두려움 경외감敬畏感 숭배의식崇拜儀式이 만들어 낸 것이 아닌가 한다. 즉卽, 자연自然과 신神과 우주宇宙와의 연관성聯關性을 배제排除할 수 없는 생활生活, 그 중심中心에 서 있는 것이 시詩인 것인지도 모른다. 우리는 예전에 몸에 흘렀던, 피처럼 흘렀던, 혈관血管속의 시詩를 잊고 사는 것은 아닌가 생각 된다.

시詩는 인간人間의 몸에서, 정신精神에서, 피血에서 함께 흐르는 본능本能인 것이다.

자연自然스러움 그것인 것이다.

# 반어법反語法 아이러니〈irony〉 그리고 풍유법諷喩法 알레고리〈allegory〉 그리고 중의법重義法

반어법反語法은 참뜻과는 반대反對되는 말을 하는 것으로 겉으로는 부인否認하면서 속으로는 시인是認하고 소망所望하는, 이는 겉으로 드러난 말과는 달리 속뜻은 그 반대反對가 되는 것이다. 예例를 들자면 〈나 보기가 역逆겨워 가실 때에는 죽어도 아니 눈물 흘리오리다.〉와 같은 것이다.

역설逆說,〈paradox〉〈irony〉, 자가당착自家撞着. 표현구조表現構造나 상식적常識的으로는 모순矛盾되지만 실질적實質的 내용면內容面에서는 진리眞理를 나타낸다. 예例를 들면 〈지는 것이 이기는 것.〉 〈바쁘면 돌아가라.〉와 같은 것이다.

풍유법諷喩法은 은연중隱然中에 다른 사물事物을 가리키면서 그 사물을 통通해서 본本뜻을 숨기고 있는 것으로 우화寓話나 속담俗談에 많이 쓰인다. 예例를 들면 〈소 잃고 외양간 고친다.〉 〈까마귀 노는 곳에 백로白鷺야 가지 마라.〉

중의법重義法은 하나의 말에 두 가지 뜻을 내포內包하고 있는 것으로 〈청산리 벽계수碧溪水야 수이 감을 자랑 마라.〉

〈개골개골開骨開骨〉에서 벽계수碧溪水는 사람의 이름과 개울물의 의미意味를 개골개골開骨開骨은 개구리의 울음과 뼈를 연다는 한 단어單語에 두 가지의 의미意味를 담고 있다.

# 자동기술법自動記述法 〈Automatisme〉 〈브르통 A. Breton.〉

초현실주의超現實主義〈Surrealism〉는 "정신精神의 가장 위대偉大한 자유自由" 〈Andre Breton〉를 주창主唱하였고 상상력想像力만이 있을 수 있는 모든 것을 가르친다고 하여 잠재의식潛在意識에서 올라온 생명력生命力과 본능本能을 합친 총체적 인간總體的 人間을 표방標榜한다. 여기서 다다이즘〈Dadaism〉은 즉卽 일체一切의 제약制約을 거부拒否하고 기존旣存의 모든 질서秩序를 파괴破壞하는 극단적極端的 반이성주의反理性主義의 소산所産이다.

Dada는 완전完全한 파괴破壞의 무방향無方向 운동運動이다. 그에 반反해 초현실주의超現實主義는 새 해석解釋을 토대土臺로 한 또 다른 진실眞實의 포착捕捉에 둔다. 모더니즘〈Modernism〉 모두가 이미지즘〈Imagism〉에 뿌리를 두고 있다는 것이다.

초현실주의 선언〈超現實主義 宣言〉 - 〈Andre Breton〉앙드레 브르통 〈이미지는 정신精神의 순수純粹한 창조創造다. 그것은 외면적 비교外面的 比較에서 생겨나는 것이 아니라 서로가 관련關聯이 먼 두 개의 실재實在의 접근接近에서 생겨난다. 그 접근接近된 두 가지 실재實在의 관계關係가 멀고 또한 정확正確할수록 그 이미지는 강强한 것이 될 것이요, 그것은 그만큼

정서情緖의 힘과 시적詩的인 이미지의 참신성斬新性을 갖게 될 것이다. 〉

인간人間의 의식意識이나 무의식無意識은 과거過去의 체험體驗이나 경험經驗에 의존依存한다. 과거過去의 경험經驗이나 체험體驗을 통通해서 무엇을 보거나 듣거나 느껴질 때 연상聯想되는 이미지가 있다. 〈매클릴랜드 Maclelland.D.C〉 - 〈연상聯想 그물 조직組織 associative network〉은 그 연상聯想들이 얽혀서 나타나는 것이다.

의식意識과 무의식無意識 그의 체험體驗은 사물事物에 반응反應한다. 그때 연상聯想되는 것들이 곧 그물 조직組織처럼 이미지들이 얽혀서 연상聯想되는 것이다.

자연自然스럽게 사물事物에 반응反應하는 의식意識 무의식無意識처럼 과거過去의 경험經驗이나 체험體驗에서 연상聯想되는 이미지들이 고리를 형성形成하면서 꼬리를 물고 나오는 것 같은 기술적記述的 표현법表現法을 자동기술법自動記述法이라 한다.

# 시詩에 대對한 나의 생각

아직 여물지 않은 시詩에 대對한 나의 생각을 두서頭緖없이 여기 감히 적어 본다. 〈시詩는 정신精神과 우주宇宙의 교감交感에서 나오는 정신여백精神餘白의 예술藝術이다.〉

시詩란 무엇인가라는 물음에는 한마디로 정의定義할 수 없다. 많은 시인詩人과 이론가理論家들이 이것이 시詩다라고 정의定義를 내린 것도 있지만 이는 그들 개개인箇箇人의 시詩에 대對한 정의定義일 뿐 전체적全體的인 시詩의 정의定義는 될 수 없다. 다만 시詩들이 갖고 있는 공통점共通點을 찾아 시詩가 이런 것이다라고 할 수는 있지만 이 또한 시詩의 정의定義라 단정斷定할 수는 없다.

시詩는 개개인箇箇人이 갖고 있는 정의定義정의 속에서 추구追求하는 바가 다르고 형식形式이나 내용內容이나 모양模樣도 다르다. 그러나 우리는 기본적基本的으로 시詩들이 가진 공통점共通點을 서로 인정認定하고 그것을 기초基礎로 자기 시自己 詩의 정의定義를 세워야 한다고 본다.

정확히 시詩가 이런 것이다 단정斷定은 할 수 없지만 시詩는 분명分明 존재存在하고 막연漠然하게나마 이것이 시詩다라고 공감共感하는 부분部分이 있다는 점點이다.

# 시詩는 독립獨立된 생명체生命體다.

시詩는 생명체生命體다.

기생寄生하는 것이 아니고 독립獨立된 생명체生命體다.

시인詩人은 작은 창조자創造者다.

창조자創造者이기는 하지만 시詩가 쓰여졌을 때는 이미 시詩는 한 생명生命으로서 존재存在하는 것이니만큼 그 시詩가 스스로 살게끔 시인詩人은 그 품에서 시詩를 놓아 주어야 한다. 시詩는 스스로 살아 남는 것이다.

스스로 말하고 느끼고 남에게 영향影響을 주는 시詩의 자유自由를 억압抑壓할 권리權利가 시인詩人에게는 없다.

자유自由롭게 비상飛翔하는 새를 조롱鳥籠 속에 가둔다면 아무리 창조자創造者라 해도 옳은 것은 아니다.

스스로 만든 것을 파괴破壞하고 생사生死를 제 맘대로 한다면 그 창조創造는 무의미無意味할 것이다.

시詩는 스스로 산다. 생명生命을 가진 독립獨立의 생명체生命體다.

시인詩人은 오로지 그 시詩가 튼튼한 시詩에게 최선最善을 다해 만들어야 하는 책임責任이 있을 뿐이다.

시인詩人은 독자讀者들과 가까워지도록 노력努力해야 한다.

시詩가 살아 남는 데는 시인詩人들을 위爲한 시詩를 쓰기보다 독자讀者들을 위해 써야 한다. 노래 불려지지 않는 시詩는 시詩가 아니다. 공감대共感帶라는 것은 특정인特定人들만의 것이 아니고 다수多數의 것인 만큼 시詩는 노래 불리어질 때만 살아 남는다. 시인詩人은 노래 불리어질 수 있도록 시詩를 써야 한다.

어렵다 해서 공감共感할 수 있는 영역領域이 좁아진다는 것도 문제問題지만 노력努力하지 않는 시인詩人에게도 문제問題가 있다고 본다. 다수多數가 어려워 공감共感할 수 없다면 쉽게 써서라도 공감영역共感領域을 넓혀야 한다. 독자讀者들과 시詩와 시인詩人이 하나가 될 수 있을 때 비로소 예술藝術이 아닐까 싶다.

서사시敍事詩니 서정시敍情詩니 해서가 아니고 쉬우면서도 깊이와 폭幅을 더할 수 있다면 그 시詩는 난해難解한 시詩보다 나을 것이고 많은 이에게 좀 더 가까이 할 수 있을 것이다.

시詩는 시대時代를 반영反映하고 시대時代를 뛰어 넘어야 하지만 현재現在의 사람들과 호흡呼吸을 같이해야 하리라 본다.

시詩는 이론理論이 아니고 시詩일 뿐이다.

시詩는 시詩로서 독자讀者들에게 다가가야 한다.

# 시詩는 절대적絶對的 자유自由영역領域이다.

시詩에서는 하늘과 땅이 악수握手를 할 수 있고 보이지 않는 바람이나 정신적精神的인 것, 우주宇宙의 미묘微妙한 현상現想들도 보이게 할 수 있다.

생명生命이 없는 것에게 생명生命을 줄 수도 있다. 즉卽, 시인詩人은 작은 창조자創造者. 신神인 것이다.

시인詩人은 시詩가 원願하는 만큼 언어言語를 줘야 한다. 시詩가 길고 짧고는 상관相關이 없다. 또한 시詩의 재료材料는 세상世上에 존재存在하는 모든 것이며 상상력想像力 같은 정신精神과 보이지 않는 우주宇宙와 신神의 영역領域까지도 시詩의 재료材料가 된다. 다만 구체화具體化시켜야 하기 때문에 체험어體驗語를 사용使用해야 한다는 것이다.

시詩의 재료材料는 소재素材가 되고 제재題材가 되고 소재素材, 제재題材가 주제主題가 된다. 즉卽, 소재素材, 제재題材는 주제主題로 합치合致된다. 도랑이 강江이 되고 강江이 바다가 되듯이 이를 맥脈이라 하는데 시詩에서는 맥脈이 중요重要하다. 즉卽 통일성統一性이다.

시詩의 재료材料가 많으면 아무리 장시長詩라 해도 지루함이 없다. 다만 생소生疎한 표현表現이어야 한다는 조건條件이 있다. 생소生疎하다는 것은 낯설게 한다는 것이다.

진부陳腐한 언어言語, 오래 전前부터 많이 쓰던 표현表現

〈사어死語〉이나 누구인가 이미 사용使用한 표현表現 〈표절剽竊〉, 이것을 다시 쓴다면 참신감斬新感이 없고 창작創作이라 하기에는 부족不足하다 생각된다. 그러므로 시인詩人은 끝없이 언어言語의 표현表現을 개발開發해야 한다.

참신성斬新性은 독창성獨創性이고 창조創造다.

시인詩人은 무엇이든 분석分析하고 파괴破壞해야 한다. 여기서 분석分析은 본질本質을 향向해서 끝없이 접근接近해야 한다는 것이고 파괴破壞는 있는 형상形象대로가 아니고 밀가루를 반죽하듯 세상世上을 반죽하라는 것이다. 그래서 밀가루의 본질本質은 그대로 살리되 또 다른 형태形態 그곳에 양념을 치고 과자菓子나 빵〈pao 포〉 그 뒤의 다른 음식飮食이 되게 해야 한다.

파괴破壞는 파괴破壞로 남는 것이 아니다. 새롭게 태어나는 것이다. 이미지의 새로운 건설建設이다. 본질本質은 밀가루지만 새롭게 태어나는 것은 맛과 향香, 모양模樣이 각각各各인 것이 된다.

시인詩人은 각각各各 맛과 모양模樣이 다른 자기自己만의 색色을 가지고 있어야 한다.

시인詩人의 눈과 마음, 즉卽, 시심詩心이란 누구에게나 있지만 얼마나 분석分析하고 파괴破壞하는가에 달려 있다고 생각한다. 어떤 이는 밀가루를 보고 밀가루라고 그 선線에서만 머무는 사람이 있는가 하면 어떤 이는 그 밀가루로 또 다른 무엇이 되게 하려는 사람이 있다. 수많은 재료材料와 양념을 모으고 그것을 밀가루와 반죽한다.

새로운 세계世界의 창조創造를 위爲하여 시인詩人은 재료材料와 양념을 준비準備하고 반죽하고 숙성熟成시켜 구워내야 한다.

시심詩心이란 빵을 만들기 위爲한 욕구欲求이고 양념과 재료材料를 구求할 수 있는 눈이다.

이미지를 영상映像 심상心象이라고도 한다. 즉卽, 마음에 그려지는 그림이다. 오감五感을 통通한 경험經驗이나 정신精神의 상상력想像力에 의依한 조합물調合物이다. 세상世上에 존재存在하는 모든 것을 비유比喩하여 만들어내는 그림인 것이다.

이미지는 수사법修辭法을 통通하여 표현表現하고 그 중 공감각적共感覺的 이미지 표현表現은 훌륭하다. 그러나 모든 표현表現이 적절適切하게 사용使用될 때 훌륭하지 덮어놓고 공감각적共感覺的 이미지 표현表現이 훌륭하다는 것은 아니다.

비유比喩는 시詩가 원願하는 적소適所에 제대로 쓰는 것이 중요重要하다. 무리無理하게 어울리지 않는 언어言語를 문장文章에다 끼운다면 어색해진다. 이때 굴절屈折이 생기는데 시詩에서는 굴절屈折은 피해야 한다.

시詩에서는 설명說明이 필요必要치 않다. 시詩는 사족蛇足이나 군더더기도 없어야 한다. 시詩는 스스로 살기 때문이다. 시詩에서는 부드럽고 자연自然스러운 것을 원願하기 때문이다. 독자성獨自性을 가지기 때문이다. 더구나 시詩에서는 함축성含蓄性을 필요必要로 하는데 언어言語의 충돌미학衝突美學과 사이비진술似而非陳述이 그 함축성含蓄性을 지배支配한다.

시詩에서는 다른 장르〈genre프〉와 다르게 문장文章을 문법文法에 맞추어 보면 통通하나 뜻은 통通하지 않는 경우境遇가 많다. 서로 어울리지 않는 언어言語가 만나서 충돌衝突하고 부서지면서 새롭게 조화調和를 이루는, 상식常識으로는 도저히 이해理解가 되지 않는 것들의 조화調和, 그 속에서 새롭게 태어나는 언어言語들이 만들어내는 이미지의 재창출再創出, 나는 이를 언어言語의 충돌미학衝突美學이라 하는데 이때 함축미含蓄美가 생겨난다고 본다. 하나 예例를 들면. "개가 무화과無花果를 먹었다."와 "무화과無花果가 개를 먹었다."

〈니시와키西脇順三郎〉의 문장文章을 보면 문법상文法上으로는 둘 다 완벽完璧하다. 그러나 "무화과無花果가 개를 먹었다"라는 문장文章은 상식常識과 과학科學을 동원動員해서 이해理解하려고 해도 의미意味가 통通하지 않는다. 개가 무화과無花果를 먹을 수는 있어도 무화과無花果가 개를 먹을 수는 없기 때문이다. 이와 같이 시詩에서는 상식常識과 과학科學이 무시無視되는 상상想像을 요要한다.

이렇게 서로 어울리지 않는 "무화과無花果와 개" 그 속에서는 이미 언어言語의 충돌衝突이 일고 새로운 조화調和를 이루면서 새로운 이미지를 창출創出한다. 함축미含蓄美란 이때 생겨나는 것이다. 그리고 시詩에서는 끝없이 새로운 것, 참신성斬新性을 요要하고 많은 상상력想像力을 요要하기 때문에 함축미含蓄美를 필요必要로 하는 것이다. 시詩에서는 개가 무화과無花果를 먹었다는 일관一貫된 이미지를 필요必要로 하지 않는다.

시詩에서는 다수多數가 각자各自의 경험經驗과 상상력想像力을 통通하여 각각各各 다른 새로운 경험經驗과 새로운 상상想像에 빠지게 하는 마력魔力을 가져야 한다.

좋은 시詩란 일관一貫된 생각과 정서情緖를 전傳하는 것을 원願하지 않는다.

독자讀者마다 다 다른 생각과 정서情緖를 느끼고 더 큰 세계世界로 나가길 원願한다. 이것이 시詩의 아이러니〈irony〉다. 서로 어울릴 수 없는 것들이 어울려 오히려 참신斬新한 맛과 새로운 이미지를 만든다. 예例를 들면 "새소리와 고드름" 이는 전全혀 관계關係가 없지만, 〈처마 밑에서/ 부수수/ 고드름이 되어/ 떨어지는/ 아침 새소리〉 -〈아침 새 전문全文〉처럼 된다면 관계關係는 튼튼해진다. 이는 사이비진술似而非陳述이다.

이렇게 시詩에서는 우주宇宙의 모든 것과 인연因緣을 가진다. 그리고 이러한 것들이 오히려 새로운 세계世界와의 소통疏通의 계기契機가 되고 예언적豫言的인 것이 된다.

# 시詩는 줍는 것이다

세상世上의 현재現在, 과거過去, 미래未來 어느 영역領域이라도 시詩가 되기 때문이다. 경험經驗과 상상想像을 동원動員하여 자기自己가 표현表現하고자 하는 것을 표현表現하는 것이다.

세상世上에 널린게 시詩다. 시인詩人의 시각視覺으로 그것을 바라보고 거르고 다듬고 재창조再創造를 꾀하는 것이다.

어떤 이는 영감靈感을 통通해야만 시詩가 쓰여진다고 말하는 이도 있고 특별特別한 재능才能이 있어야 한다고도 말하지만 나의 생각은 다르다. 시詩는 누구나 쓸 수 있고 누릴 수 있다고 본다.

나는 개인적個人的으로 성장成長이란 말을 좋아한다.

시詩를 쓴다는 것도 성장成長이라고 본다.

경험經驗하고 읽고 쓰고 그러면서 시인詩人의 가슴이 되고 시인詩人의 눈을 가지게 된다고 본다. 어느 누구나 시심詩心을 가지고 있다. 그것을 얼마나 성장成長시키느냐가 관건關鍵이라 생각된다. 시詩는 만드는 것이다. 어찌 보면 우주宇宙의 생성生成과 소멸현상消滅現象 모든 것이 시詩라고 할 수 있다.

원시시대原始時代, 언어言語와 문자文字가 정착定着되기 이전以前 살기 위爲한 몸부림과 두려움의 대상對象 〈신神, 자연自然〉에 대對한 경외심敬畏心이 만들어 낸 제사의식祭祀儀式

그것이 곧 시詩였을 터 지금은 연극演劇이니 무용舞踊이니 미술美術이니 여러 분야分野로 세분細分되어 있지만 처음에는 하나였을 것이다. 어린아이가 처음 태어나 울음을 토吐했을 때 그것이 시詩이고 눈을 뜨고 세상世上을 처음 보았을 때의 경이로움이 곧 시詩였을 것이다.

경험經驗하지 못한 세상世上에 대對한 두려움 속에서도 새로운 세계世界로의 발 디딤이 시詩였을 것이고 그 경험經驗을 통通하여 또 다른 세계世界, 미지未知로의 상상想像과 체험體驗이 곧 시詩였을 것이다. 시詩는 만드는 것이다.

영감靈感을 기대企待한다면 아마 내일來日이 오기 전前에 어제는 없었을 것이고 오늘도 없었을 것이다.

시인詩人은 역사가歷史家요, 현재現在를 지키는 수호자守護者요, 개척자開拓者요, 예언자豫言者다. 시詩는 줍는 것이고 만드는 것이고 성장成長하는 것이다. 절대絶對로 영감靈感에 의존依存하지 말 것이다.

시詩는 자연自然이 모태母胎다. 시詩는 가슴이 모태母胎다. 시詩는 가슴으로 쓴다. 시詩는 자연自然과 가슴이 만나 잉태孕胎되고 표현表現된다.

시詩는 자기완성自己完成을 위爲한 허물벗기다. 시詩는 경쟁이 아니라 겸손謙遜이고 예藝다. 시인詩人은 가슴으로 시詩를 써야 한다.

시인詩人은 시론詩論을 몰라야 한다. 시인詩人은 시론詩論을 아는 만큼 시詩는 시인詩人으로부터 도망逃亡한다. 시詩는 이론理論이 아니다.

시詩는 이론理論을 거부拒否한다. 이쯤에서 시詩에 대對한 나의 생각을 접기로 한다. 변變하지 않는 것은 죽은 것이다. 시詩는 살아 있다.

# 시詩는 자연自然스러움이다

시詩는 자연自然스러움이다.

우리가 밥을 먹고 배설排泄을 하듯 자연自然스러운 것이다. 자연自然 속에서, 우리 일상日常속에서 언제든지 접接할 수 있는 것이 시詩다. 곧 우리의 생활生活이 시詩인 것이다. 사람들은 자신自身들이 얼마나 깊이 시詩 속에 들어가 사는지 그조차도 모르고 산다.

시詩는 절대絶對 특별特別한 것이 아닌데 자기自己 내면內面에 그리고 주변周邊에 자기自己의 삶 자체自體가 시詩인 것을 모른다. 그냥 어렵고 먼 것이라고만 여긴다. 내가 숨을 쉬는 것도 시詩다.

밥을 먹는 것도 노동勞動을 하고 배설排泄을 하고 잠을 자고 생각하고 오감五感으로 느끼는 모든 것이 시詩인데도 그것을 인정認定하지 않으려 한다. 다가가려 하지 않는다.

시詩는 음악音樂이나 그림과 다르다 생각하지만 그림도 음악音樂도 하나의 시詩다. 돌멩이 하나도 시詩고 자신自身도 시詩다.

우주만물宇宙萬物이 곧 시詩인 것이다.

존재存在도 비존재非存在도 유有도 무無도 시詩다. 어느 것도 시詩 아닌 것이 없는 셈이다.

시詩에 있어서 가장 좋은 시어詩語는 누가 들어도 알기 쉬운

언어言語가 가장 좋은 시어詩語가 되는 것이다. 아무리 작가作家의 의도意圖가 심오深奧하다 하더라도 난해難解하여 읽어도 들어도 이해理解가 되지 않아서 그 작품作品에 다가설 수 없다면 공감共感할 수 없다면 그 작품作品은 죽은 작품이다.

시詩가 생명력生命力을 가지려면 어느 누구와도 함께 공유共有하고 공감共感할 수 있을 때에만 가능可能한 것이다.

우리는 얼핏 조금 어렵게 그리고 난해難解하게 쓰면 남들에게 자신自身이 조금은 지적知的으로 보일 것이라고 또는 고상高尙하게 보일 것이라고 생각할 수도 있다. 그러나 그것은 가장 위험危險한 발상發想이다.

시詩는 극도極度로 원시적原始的이며 초자연超自然과 신神 그리고 모든 생명生命들의 영적靈的인 대화對話인 것이어서 그렇게 고상高尙할 필요必要도 지적知的일 필요必要도 없다. 다만 천박淺薄해도 맑은 영혼靈魂의 소리면 되는 것이다. 〈천박淺薄하다는 것은 사람의 시각視覺에 따라서 나오는 것이지, 자연自然과 우주宇宙와 그리고 신神, 그 세계世界에서는 천박淺薄이란 없다.〉

시詩에 있어서 형식形式이란 그리 중요重要한 것은 아니지만 그리 무시無視 되어서도 안되는 것이어서 우리가 제祭를 모시고 사람을 대對하고 자연自然을 대對하고 할 때에 지키는 예禮와 같아서 어느 정도正道는 지켜져야 하는 것이다. 꼭이 동그라미여야 한다거나 세모져야 한다거나 그렇게 화석化石이나 박제剝製처럼 그런 것이 아니어서 그것에 얽매일 필요必要는 없다는 것이다. 그러나 무시無視해서는 안 된다는 것이다.

시詩에 있어서 내용內容이란 가장 중요重要한 알맹이, 즉卽 작가作家의 정신精神인 것이다. 시인詩人의 정신精神은 맑고 맑아서 시공時空을 넘나드는, 어느 곳에도 어느 것에도 매이지 않는 자유自由로운 정신精神을 가져야 한다. 물고기가 물에서만 살 필요必要는 없는 것이다. 돌이 꽃이 될 수도 있고 우주宇宙가 내 작은 손바닥에 들어앉을 수도 있고 개구리가 사자獅子의 갈기를 어루만질 수도 있고 거미가 짜 놓은 거미줄로 옷을 해 입을 수도 있어야 한다.

그렇다고 말이 안 되는 소리를 지껄이라는 소리는 아니다. 정신精神의 방종放縱은 정신精神의 타락墮落이지 정신精神의 자유自由는 아닌 것이다. 이는 시인詩人이 가져야할 정신자세精神姿勢를 이야기 했을 뿐 알맹이가 이런 것이다라고 지적指摘한 것은 아니다. 알맹이는 시인詩人 스스로가 가지고 있는 것이다. 그것이 곧 시혼詩魂인데 이 시혼詩魂은 누가 정定해 주는 것이 아니라서 그 누구도 쥐어 줄 수 있는 것이 아니라서 각자各自 색깔도 향기香氣도 모양模樣도 다르다. 똑같은 돌을 보고서도 어떤 이는 조각彫刻이라 할 수 있고 바다라 할 수 있고 똥 냄새가 난다 할 수 있고 꽃향기香氣가 난다 할 수 있을 것이다. 즉卽 시혼詩魂은 모방模倣이 아니고 창조創造라는 것이어서 독자讀者들이 느끼는 바도 같은 이치理致다. 그 시혼詩魂 속에는 다시 또 다른 알맹이가 있는데 이는 시인詩人의 정신精神의 정수精髓인 것이다. 돌을 보고 돌멩이의 정수리에 박아 놓은 시인詩人의 정신精神인 것이다. 어떤 이는 돌멩이의 정수리에 뭉클한 사랑을 어떤 이는 우주宇宙를 또는 고독孤獨을, 불멸不滅을 이것이 시혼詩魂의 정수精髓인 것이다.

나는 시詩를 사차원四次元의 세계世界로 드는 열쇠라 생각한다.

나는 시詩라는 것을 시공時空을 초월超越하는 절대적絶對的 정신精神의 자유自由라고 생각한다. 그래서 이 시대時代에서 시詩를 최고最高의 최선最善의 예藝라 여기는 중中의 하나다. 가끔 언어言語가 나의 사고思考를 방해妨害한다고 여긴다. 그러나 그런 언어言語지만 시詩는 생각을 가장 자유自由롭고 이상적理想的으로 표현表現할 수 있는 도구道具라 생각하기에 나는 시詩를 최고最高, 최선最善의 예藝라 생각하고 시詩를 쓴다.

나는 생生의 최대最大 가치價値를 절대적絶對的 정신精神의 자유自由에 둔다. 시詩는 내 이상실현理想實現의 도구道具다. 서로 어울릴 수 없는 언어言語들이 충돌衝突하면서 새로운 세계世界, 사차원四次元의 세계世界, 새로운 우주宇宙를 창출創出한다는 것은 희열喜悅 그것이다. 우주만상宇宙萬象은 나고 죽는다. 그러나 죽는다고 소멸消滅하는 것은 아니라 생각한다. 그 형태形態가 변變할 뿐 본질本質은 그대로 남아 새로운 세계世界로 이동移動한다는 것 뿐이라 생각한다.

불가佛家에서 말하는 윤회輪廻와 일맥상통一脈相通한다만 절대적絶對的 자유自由로의 전이轉移라는 것이 다를 뿐이다. 시詩도 그러하다. 서로 낯선 언어言語들이 만나 충돌衝突하면서 부서지고 죽어 새로운 세계世界로의 전이轉移〈새로운 이미지〉가 생겨나는 것과 서로 어울릴 수 없는 언어言語들의 화합和合과 악수握手는 우주宇宙의 자연自然스런 질서秩序와 맥락脈絡을 같이 한다고 여겨진다.

나는 그런 의미意味에서 종교宗敎와 같다는 생각이 들어 시詩는 나에게 종교宗敎와 같다. 그러나 현실現實과 이상理想의 괴리감乖離感은 내게 어둠으로 남는다.

詩瑚林 草天齋에서

김사강

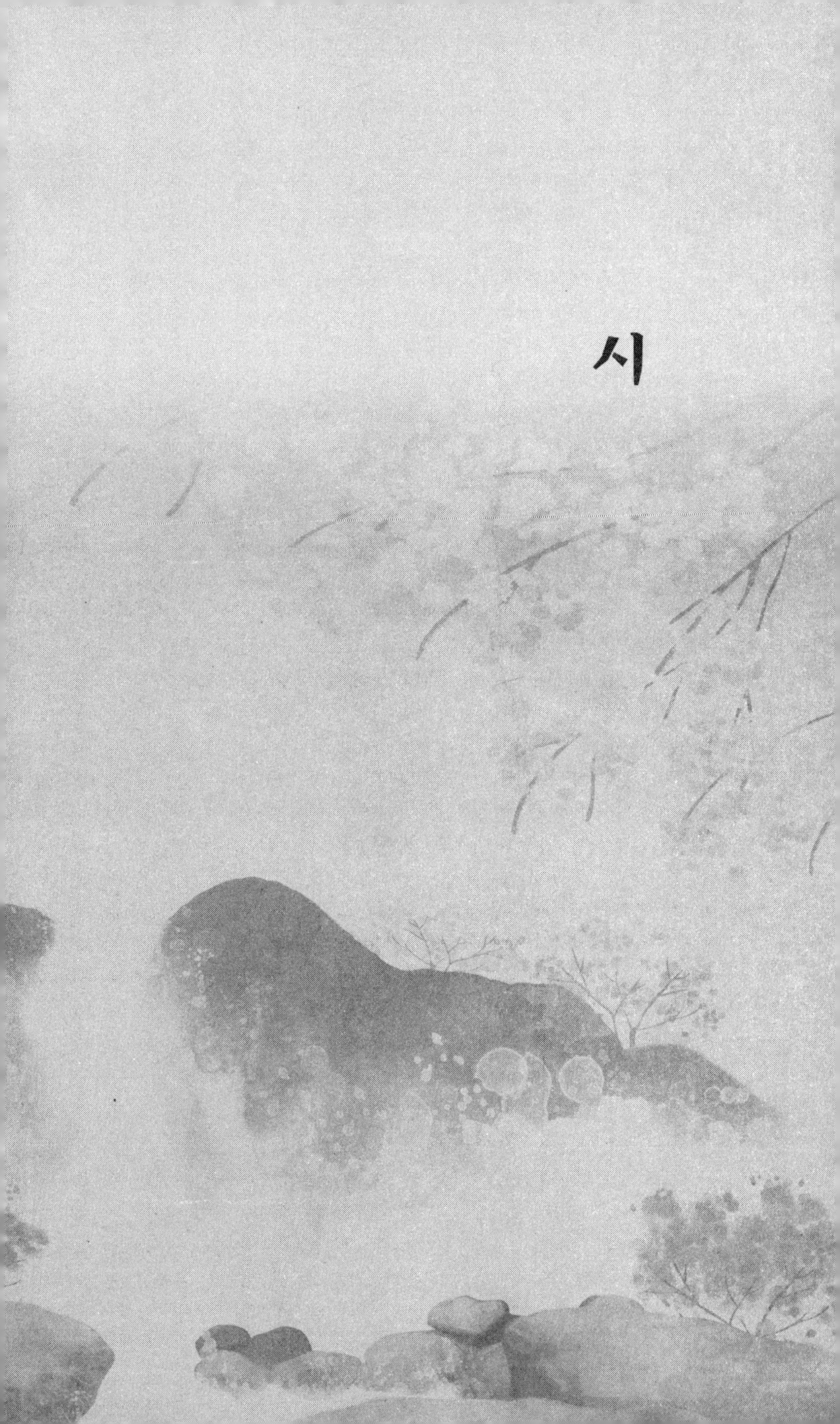

# 시

# 1부

# 봄풀의 노래

봄풀이 서럽소

한시절 비껴간 누이의
죽음이 서럽소

살아서
봄풀이더니
죽어서
봄풀이외다

나는
오월五月의 봄풀이 서럽소

한때
봄풀이었다가
봄풀로 남은
봄풀이 서럽소.

# 옹알이

내가 옹알이를 한다
여지껏 살면서 세상世上 살면서
흰색은 나무다라고 한다면 흰색은 나무가 될 수 있는건가
노래를 하는 나무라 한다면 나무는 노래를 부를건가
아니다라고 한다면 반역叛逆인가 음모陰謀인가
세상世上이 내 옹알이에 조금도 귀 기울이지 않는건
내 소리가 어디에도 전달傳達되지 않는 벙어리인가

내가 여지껏 사는 것이 잠을 자는건가
잠결에 꿈을 꾸는건가
그도 그럴 것이
내가 옹알 거리는 야릇한 소리는 나만이 듣고 있었네.

# 길

아내여
쉬엄 쉬엄 가자
새 이파리
속눈 뜨는 가지에서
꽃이 피느니

계절季節을 재촉한들
겨울날
꽃을 바랄까
열매를 바랄까

우리 쉬어 간들
세월歲月이사
뭐라 할까

아내여
우리 쉬엄 쉬엄 가자

봄이사
때 되면 오느니
오는 봄 뉘 막으랴.

# 오류인생誤謬人生

시원고詩原稿를 보내달래서 보내놨더니
졸시拙詩인지를 얼른 알아 보았는지
아무렇게나 취급取扱하고서
책冊에 인쇄印刷되어 실려 나왔는데요

본능本能의 영토領土라는 시詩였는데
무지한놈이 자랑좀하겠다고
한자漢字를 섞어 쓴 것이 잘못이었나 봅니다

본능本能의 영토領土를 사전辭典에도 없는
본능本能의 영사領士로
또 구절句節중에 오만傲慢의 자식子息들이라는 구절句節이
있는데
내 오만傲慢을 모르고 남들에게 욕慾을 한다고 그랬는지
방만放漫의 자식子息들이라고 실어 보냈지요

책冊으로 나온 졸시拙詩를 찬찬히 읽으면서
고민苦悶좀 했습니다.

사전辭典에도 실리지 못하는 영사領士라는 단어單語가
바로 나같은 몰골이지요
방만放漫하다는 말이 내 몰골이지요

오류誤謬투성이인 세상世上에서
나 또한 오류인생誤謬人生을 살고 있다는 것을 깨달으라고
그리도 내게
배려配慮한 것이겠지요.

# 닭

나는
닭이다

형벌刑罰의
새벽

밤
어둠
두려움

죽음
관棺

피
말리는
반복反復의 역사歷史
새벽

두려움
어둠

밤

죽음
관棺

고문拷問의
새벽

나는 살고파서 우는 것이다.

## 목련木蓮

하얀
나비
나비나비나비나비
나비나비나비
떼
들

나비
나비나비나비나비
나비나비나비
떼
들

연애戀愛를 한다

봄
사이
사이
길에서.

# 질경이

질경이의 모진 목숨
뒷골목에서
음침陰沈한 역사歷史 속에서
짓밟히는

봉하마을 부엉이의 눈물
부엉이는 왜 추락墜落 하였는가

담배 한 개비의
고독孤獨
역사歷史는 그 고독孤獨을 알까
질경이의 모진 목숨.

# 동무

그대
홀로 가시려는가

길은
한길이 아니어서

첩첩疊疊이 산중山中이요
골골이
절입태산浙入泰山이라

그대
가시는 길
머나먼 길

혼자 가기 보다
함께라면

가는 발걸음
아니 가벼울까.

# 죄업罪業

나는
왜 세상世上에 생겨나

무슨 죄罪
업業으로 생겨나

세상世上
무엇을 바라
배회徘徊 하는가

떠나야 할 것이
떠나야 할 것이
세상世上에
왜 부끄러움으로 남았는가

생겨나지 않은 것처럼
돌아갈 순 없을까

세상世上에
뼈를 묻고
살을 묻을 곳이 없어라.

# 눈물꽃

산山숲길
무슨 꽃이 저리도 피어서
곱더니 그리도 곱더니
눈물이 난다야

사랑하는 사람
무덤에 두고 돌아오는 길

설움이 피었는가
그리움이 피었는가

산山숲길
돌아 오는 길

눈물이 난다야
무슨 꽃이 저리도 피어서
이리도 서럽다냐
눈물이 난다야.

# 찔레꽃

내 죽으면
살과 피는 하늘에 번제물燔祭物로 내주고
뼈는 곱게 갈아서

강江이 내다 보이는
찔레나무 무성茂盛한 산山기슭에
뿌려주게

찔레꽃이 피거든
가끔은 말고 잊힌듯이
문득 스치는 바람같이
한번쯤 기억記憶해 주게

찔레꽃을 보거든
나를 보듯 살짝 웃어만 주게.

# 찔레꽃 오월五月

내가 한때 존경尊敬하던 시인詩人이 있었지
초현실주의超現實主義의 시인詩人 T.S 엘리어트는
시집詩集 황무지荒蕪地에서
사월四月은 잔인殘忍한 달

T.S 엘리어트 그는 무슨 생각으로
무슨 배경背景으로
무슨 심경心境으로
사월四月을 잔인殘忍하다 했을까

나는
개인적個人的으로
아니
내 사는 동안
내가 살아서 부끄러운

아니 그보다 세상世上에 살아서
살아남아서
그래서 수치羞恥스러운
오월五月의 찔레꽃은 나의 저승목木이다

예수는 십자가十字架에 매달려서
피 흘리며 무슨 생각을 했을까

담배 한 모금 생각나지 않았을까.

# 오욕五慾

내게도 오욕五慾이 있었으니

내가 헐벗고 배 주리지 않고
여지껏 잘 살았으니
물욕物慾이사 다 누리고 산 셈이다

아내를 만나서
원願 없이 사랑도 하였으니
색욕色慾이야 말할게 없다

내가 세상世上에 살면서
쓴맛단맛 다 보았으니
식욕食慾도 채웠고

시인詩人이 되어
시인詩人으로 한생 살았으니
명예욕名譽慾도 더 없다

내가 채우지 못한 것은
수면욕睡眠慾이니

이는
내가 죽어서
원願 없이 누려 보리라.

# 함박꽃

내 고향故鄕
일곱 살박이 언년이와 내가 사랑을 한다

함박꽃 돌담 밑에서
언년이는 각시하고
나는 신랑하고

나는 하루 종일終日 쇠똥구리마냥
해를 굴리고
언년이는 흙으로 밥을 짓고
풀을 뜯어 반찬飯饌 만들고
사금파리에
정갈하게 밥상을 차려내고

언년이와 나는 밥상을 사이에 두고
함지박 만하게 웃어 재쳤다

내 고향故鄕 함박꽃 고운 돌담 밑에서
일곱 살박이 언년이와 내가 사랑을 한다
함박꽃 사랑을 한다.

# 땡초 이야기

산문山門에 들어서면 나무들이 설법說法을 하고
내가 아는 땡초는 설법說法을 듣기만 합니다
경문經文 하나 외지 못하는 땡초지만
제법 스님 흉내를 냅니다

내가 그를 찾아 가서
오랜만에 만났으니 술 한잔 하시겠는가 하면
정색正色을 다해 거절拒絶을 하는데
스님 곡차穀茶나 한잔 나누시겠는가 하면
좋다 좋다 하는 땡초랍니다

밤새 곡차穀茶를 마시는 동안에도 나무들은 설법說法을 하고
우리는 듣기만 하는데
땡초의 웃는 얼굴이 부처님만큼이나 닮았습니다

아마도 땡초도 나무들이 하는 설법說法을 듣다가 보면
나무들이 하는 설법說法만큼 설법說法도 하겠지요
그런 산사山寺의 새벽은 예불禮佛만큼이나 경건敬虔합니다.

# 2부

## 휴식休息같은 새벽에 내가 시詩를 쓰는 이유理由

우리
편하게 봄이라 해두자

조물주造物主는
세상世上에 생기生氣를 불어 넣는다

죽은 것들의
그 영혼靈魂을 거두어 하얀 나비로
풀로 나무로 바람으로
그리고
그 무엇인가로

조물주造物主는
세상世上에 생기生氣를 불어 넣는다

우리
편하게 봄이라 해두자
오늘을.

# 휴식休息같은 새벽에 내가 시詩를 쓰는 이유理由

산책散策을 나선다
오늘은 누구를 만날까
가만 휘돌아 보는 주위가
심상尋常치 않다

고요 속의 움직임
우주宇宙가 움직이는 소리
일제一齊히 눈을 뜬다

신선新鮮한 호흡呼吸소리
어제와 오늘은 분명分明 다르다

내가 어제 본 이슬은
슬픈 눈물 같았는데
오늘은 보석寶石같은 우주宇宙의 눈망울

나는
눈 뜬 우주宇宙와 산책散策을 한다.

## 휴식休息같은 새벽에 내가 시詩를 쓰는 이유理由

아무도 눈뜨지 않았다
깊은 잠 속에서
사람들은 아직 아무도 가지 않은 길을
찾아 나선다

새로운 길을 찾아
나서지만
눈을 뜨면 오늘과 어제는
또 다른 길

사람들은 눈을 감고
길을 찾아 나서고
길은 눈을 뜨고 달아 난다.

## 휴식休息같은 새벽에 내가 시詩를 쓰는 이유理由

그림자가 보인다
어둠이 한 장張씩 걷히고
내 시야視野로 세상世上이 들어온다

아직도 깨어나지 않은 것들은
어둠에 젖어 있고
잎새가 고요히 흔들린다

쓰러지지 않은 것들의 세상世上
쓰러진 것들이 다시 일어서는 세상世上
영영永永 일어나지 않은 것들의 세상世上
그들의 그림자가 보인다

마지막 어둠이 걷히면
실타래같이 풀리는
햇살 사이로
그들의 움직임이 보인다

그림자가 보인다
나는 내 그림자를 밟고
새벽에 섰다.

# 휴식休息같은 새벽에 내가 시詩를 쓰는 이유理由

별빛이 곱다
이우는 달빛이 곱다
발그레한 동녘의 하늘
밤사이 어떤 일이 있었을까

바람이 일다
어린 햇살이 바람에 떠밀려
비둘기같이 날개를 펴고
산책散策길 풀섶에 맺힌 이슬 위로
가만 내려 앉는다

나는 이슬을 줍다
내가
손을 펴면
햇살은 비둘기같이
내 손으로 내려 앉아서
이슬을 쪼아 먹는다

나는 빈손으로 돌아 오다.

# 휴식休息같은 새벽에 내가 시詩를 쓰는 이유理由

눈을 뜬다
무슨 일이 기다리고 있을까

개미들은 벌써 사냥을
시작始作했다

내 의지意志와는 상관相關없이
흘러가는 시간時間
지나간 날들의 무책임無責任한 시간時間은
나를 어디로 몰고 가는가

오늘은 무슨 일이 있을까
산적山積해 가는 의문疑問

개미들은 벌써 사냥을
시작始作했다

내 엄지 손가락의 심판審判을 모르는
개미처럼
나는 한치 허방 앞에서
눈을 감는다.

# 외양간 고치는 전통傳統

한국韓國은 전통傳統을 잘 이어 받는다
우리 대한민국大韓民國은 전통傳統을 좋아하는 나라다
그래서 좋은 나라다
전통중傳統中에 옛 성현聖賢들로부터 물려받은
습성習性같은 전통傳統의 버릇이 있다
관습慣習처럼 소 잃고 외양간 고치는 전통傳統이다
참 좋은 전통傳統이지
외양간을 고친다는 것은
참 좋은 것이지
그러나 소가 없다 외양간은 비어 있다
소 없는 외양간에서 일등급一等級 한우韓牛는
왜 그리도 찾아쌓는지
오늘도 대한민국大韓民國은 소 없는 외양간을 고친다.

# 거울

거울을 본다
거울 속에 내가 들었다

거울 속의 내가 묻는 것이냐
거울 밖의 내가 묻는 것이냐

거울 속의 내가 묻고
거울 밖의 내가 묻고

거울 속의 내가 허상虛像이냐
거울 밖의 내가 허상虛像이냐

거울 속의 나도 생각 하느니
거울 밖의 나도 생각 하느니

거울을 깨고나니
둘다 허상虛像이었네.

# 눈물꽃

이별離別하고 돌아와
잊어보자고
여러날

차마 잊혀지지 않더라

살아서는
죽을 것만 같아서
죽을 것만 같아서
잊어보자고
여러날

눈물로 지새는
밤이 길더라

이리도 못잊을 바엔
그리움에 사무쳐 죽어도 좋겠더라.

## 비빔밥

전주全州에 가면 비빔밥이 있다
비빔밥이라고 이것저것 마구잡이로
섞어 비빈다 생각지 마라
동서남북東西南北 그리고 그 중심中心에까지
우주宇宙의 섭리攝理가 들어 있는 음식飮食이다
좌청룡左青龍 우백호右白虎 남주작南朱雀 북현무北玄武의
사제四帝와 중앙中央의 황제黃帝
우리 민족民族의 오방색五方色이 섞어져
이루어진 것이 비빔밥이다
화합和合의 음식飮食인 것이다
우리 더러는 전주全州의 비빔밥을 먹고
화합和合 한번 해 보면 어떨까
반목反目하고 음모陰謀하는 사람들아
전주全州에 꼭 한번 들러서
비빔밥 한번 들고나 가시게.

# 물길

물길은 열려야한다
물길을 막지마라
물길은 자연自然스러움의 모범模範이다
이치理致다 우주宇宙가 바라는 순리順理
거스름이 없는 순리順理의 길이다
물길은 생명生命의 핏줄이고 숨통이다
물길은 막지마라
겸손謙遜하게 흐르는 물이 흐르는데로
물길은 흩트리지도 건드리지도 마라
물이 성내는 것은
오만傲慢하고 자만自慢하는 자者들에 대對한
응징膺懲일터 물길을 열라
우주宇宙는 물길이 지배支配한다.

# 돌

돌이라 이름 하는 것들을 보아라
쓰일모 없을 것 같은 돌
그러나 그 역사歷史를 들여다 보면
업신여길게 하나도 없다
돌은 아무리 하찮은 돌이여도
역사歷史의 처음이고 나중이다
아니 우주宇宙의 처음이고 나중일게다
돌을 함부로 하지 마라
우주宇宙의 나중이고 처음일터
훗날에 생명生命이 다하고
생명生命이 없는 우주宇宙 속에서
생명生命이 있었음을 전傳하는
전령사傳令使임을 간과看過하지 말 것이다.

# 풀

나는 언제부턴가 풀을 풀이라 한다
무슨 풀 무슨 풀 제 이름들이 있지만
내가 풀이름에 문외한門外漢인 탓도 있지만
굳이 알려고 애쓰지 않는다
풀들은 개별적個別的으로 제이름 불러주기를
바랄지도 모른다 하지만
나는 그들의 이름을 풀이라 한다
사람들을 보면
특히 이름을 불러주기 싫다
무슨 종족種族이니 이름이니 불러주면
네것 내것 따지기 시작始作하고
풀들이 싸울 것만 같아서
이름을 부르지 않고 풀이라 한다
다같은 풀이어서 좋다
사람도 다 같은 사람이라 불렀더라면
처음부터 따로 이름을 부르지 않았다면
지금 내가 부르는 풀들처럼 평화平和하고
사랑이었을지도.
아마도 풀들처럼 사람도 향내나는 꽃을
피우지 않았을까.

# 낚시

나는 밤낚시를 좋아한다
낚싯대를 펴고 물가에 앉아있는 것이
좋아서 낚시를 한다
태공망太公望 강상姜尙만큼은 아니지만
제법 세월歲月도 낚을 줄 안다
까만 밤
형광螢光찌〈케미컬 라이트〉를 밝혀 놓으면
하늘에도 별들이 강江 수면水面 우에도
별들이 뜬다
나는 기다린다 붕어의 입질을 기다린다
그리고
순간瞬間 은하수銀河水에 떠 있던 찌 끝에서 깜박이던
별빛이 꿈틀거리고 솟아 오른다
나는 별을 따낸다
은하수銀河水에서 건져 올리는 별이다
낚싯대가 휘고 줄 끝에서 세월歲月이 묵직하게
퍼덕거리고 순간 은하수銀河水가 출렁거린다
나는 이 술렁이는 은하수銀河水가 좋아서 낚시를 한다.

# 둥지

갈대 숲 우거진 강江가를 지나는데

둥지는 따스함이야
부부夫婦의 사랑이야
자식子息을 키우는 요람搖籃이야
가족家族의 단란團欒함이야

나에게 이르는 소리인데
새들이 조잘대는 소리야

갈대숲 사이로 갈대잎을 들추어 보니
새둥지 하나
둥지에는 어린새 여러마리
내가 어미인줄 알았나
먹이 달라 보채는데
어미새 아비새 빙빙 나를 돌면서 야단이다

새만 못한 사람아 우리만 같아라

뭐라고 꾸짖는 부부夫婦새.

# 사랑

사랑이라 하였는가
사랑하고 싶은가
사랑하려면 이문利文을 남기려 하지말게
항상恒常 손해損害를 보시게
덜어주고 덜어주고 아낌없이 덜어주게
그래도 사랑하고 싶은가
사랑하려면 〈나〉를 죽이시게
아무 생각 없이 계산計算 없이
〈나〉를 버리고 〈너〉를 위해
〈나〉를 죽이시게
그것이 사랑이라네
씨알 하나가 내게 일러준 말이지
씨알 하나가 죽어 큰 나무가 되었다네.

## 정신精神의 자유自由

내가 추구追求하는 것은
정신精神의 자유自由다
정신精神의 자유自由가 따로 있나
정신精神줄 놓으면 되는 거지
세상사世上事 지들끼리 놀라하고
정신精神줄 놓으면 되는 거지
정신精神이 묶여서야 쓰나
세상世上을 놓아버리면 되지
모든 짐 내려놓고 놓아버리면 되지
백년百年을 살겠다는 사람이나
자유自由로이 춤을 추며 불속으로
뛰어드는 부나비나
무엇이 다른 줄 아는가
정신精神줄 놓은 부나비와
정신精神줄 꽁꽁 묶여 사는 사람의 차이差異지
정신精神줄 놓으시게.

# 3부

# 시詩

참 나도 바보지
시詩를 쓰겠다고 고민苦悶하는 걸 보면
밥을 먹고 똥을 싸고
잠을 자고 일어나는 것인데
밥 먹을때 고민苦悶하고 먹나 배고프니 먹지
똥 쌀 때 고민苦悶하고 싸나 마려우니 싸지
잠이 오니 자고
그래 참 나는 바보다
시詩를 쓰겠다고 고민苦悶하는 걸 보면
시詩는 생활生活인 것을
쉬이 풀어내는 말이거늘.

# 어린 벗에게

봄날이면 풀이 돋아나고
여름이면 풀이 우거지고
가을이면 풀이 스러지고
겨울이면 풀이 잠든다

그리고
풀이 잠든 겨울
언 땅속에서 또다른 어린 벗들이
숨을 쉰다
심장心臟이 뛴다

그리고
봄날이면
풀이 누운 그 자리에서
풀이 돋는다
풀이 돋는다
여름이면 풀이 우거지고.

# 이별연습離別練習

우리 만났는가
우리 만난 것처럼 이별離別을 준비準備해야 한다
나 떠나는 연습練習을 한다
그동안 인연因緣을 하나하나씩
지운다
내가 염려念慮하는 것은
인연因緣을 지우다 지우다가 다 못지우면
하는 것이다
나 떠나는 연습練習을 한다
처음 없었던 것에서 생겨난 것처럼
생겨난 것 조차도 없던 것처럼
홀가분하게 떠나고 싶다
아무도 기억記憶하지 않는 기억記憶에 없는 것처럼
나 오늘도 인연因緣 하나를 지운다.

# 길

나는 실꾸리에서 풀어진 실타래같은
길을 가고
실꾸리의 실이 꼬이지 않았으면
실꾸리에 실이 많이 남아 있기를
실이 끊어지지 않기를
노심초사勞心焦思 불안不安한 길을 간다
실 위에서 곡예曲藝를 한다

하지만 알고보면
내 삶은
뫼비우스의 띠
뫼비우스의 띠
내 손가락에 은銀가락지
어항魚缸 속을 배회徘徊하는 물고기
쳇바퀴를 도는 다람쥐.

# 세상世上에 남기고 싶은 것은

내가 세상世上에 남기고 싶은 것은
내 육신肉身의 살과 뼈가 아니다
썩어 문드러져 없어질 내가 아니다
내 이름 석자 그도 아니다
돈은 더더욱 아니다
내가 세상世上에 남기고 싶은 것은
단 하나,
풀꽃같이 향기香氣 나는 시詩
나의 숨소리다.

# 이 뭐꼬

이 뭐꼬
백양사白羊寺 비석碑石에 새겨진 것은
이 뭐꼬

경상도慶尙道 사내가
무뚝뚝한 경상도慶尙道 말씨로
이 뭐꼬

눈 덮힌 산사山寺에
뭍으로 올라온 물고기 풍경風磬에 매달려서
하루 종일終日
땡그렁땡그렁 종鐘을 울리고

귀 밝은 짐승의 발자국
길 잃은 산山길을 더듬어가고

나는 백양사白羊寺 비석碑石 앞에서
이 뭐꼬.

# 섬

〈ROAD KILL〉

산山은 섬이 된지 오래다
바다에서나 있었던 섬이 이제는 육지陸地 곳곳에
산山섬이 생겨났다
올무처럼 조여오는 도로道路로 인하여 생긴 섬이다
우리는 그 섬에서 산다
먹을 것이 없는 섬
추위는 속살을 헤집고 주린배는 온몸을 공포恐怖로 덮는다
죽음이 두려워 배고픔이 두려워 추위가 두려워
우리가 섬을 탈출하는 것은 살기 위해서다
살기 위해서
그러나 우리의 탈출脫出은 넓게 둘러쳐진 도로道路에서
절망絶望한다 그리고 죽음이 두려워 자살自殺한다
살기 위爲하여 죽음을 건넌다.

# 우리는 누구에게도 팔지 않았다

〈ROAD KILL〉

우리는 누구에게도
이완용李完用이처럼 땅을 판것도 아니다
우리의 하늘도 판 것이 아니다
단지但只 빼앗겼을 뿐이고
인간人間들에 의해 도륙屠戮당하고 강탈强奪 당했을 뿐이다
지금은 남의 땅
남의 하늘이 되버린 식민지植民地에서
우리는 한번도 복수復讐를 꿈꾸지 않았다
다만 생존生存을 원願할 뿐
그러나 인간人間들은 우리를 가만 두지 않는다
조여오는 덫과 올무는 우리의 자유自由를 빼앗고
목숨을 빼앗는다
무차별無差別로 약탈掠奪과 겁탈劫奪을 일삼고
한발 내디딜 땅조차 인간人間의 편리便利에 맞춰
파괴破壞 시키고 이제는 황폐荒廢를 떠나 황량荒凉하다
우리가 그대들이 사는 곳에 다가서는 것은
약탈掠奪을 위한 것이 아니고
생존生存을 위한 것이다

그대들이 사는 땅은 본시本是 우리가 주인主人이다
우리는 그대들에게 아무 것도 판적이 없다
한푼도 받지 않았다
훗날 내 땅과 내 하늘이 그대들의 만행蠻行을
단죄斷罪하리니 부디 만행蠻行을 멈추라.

# 둥지

〈ROAD KILL〉

영문을 몰랐다
둥지를 떠나란다
재개발再開發을 한단다
불도저와 포크레인 앞에서
저항抵抗도 했다 반항反抗도 했다
목청껏 악을 쓰고 울면서 애원哀願도 했다
그러나 밀고 들어오는 힘 앞에는
어쩔 수 없었다
한쪽에서는 폭약爆藥을 장전裝塡하고
연신延伸 남포튀는 소리
우리는 아무런 보상報償도 없이 그렇게
조상祖上의 땅을 내어주고
둥지를 내어 줄 수밖에 없었다
지금은 남의 땅
빼앗긴 땅에서
조선朝鮮이 그랬듯이
식민지생활植民地生活을 한다.

# 길

〈ROAD KILL〉

山을 갈라서
길을 내었다

경상도慶尙道와 전라도全羅道
남南과 북北의 삼팔선三八線마냥
산山과 산山을 갈라 놓았다

핏줄같이 흐르던 물길은 막혔고
오로지 지역감정地域感情의 대립對立과
이념理念의 대립對立을 위해서처럼
사람만을 위爲하여
길을 열었다

그리고
그 길 위에서 사람이 죽고
자연自然이 죽고

하늘길도 막혀

소통疏通의 길도 막혀
목숨도 막혔다

지금 이 순간瞬間에도
주검이 그 길 위를 배회徘徊하고
죽임이 질주疾走한다.

# 새

〈ROAD KILL〉

새한마리 푸드득
검불 속에서 날았다
고속高速의 날개로 바람같이
차車가 날았다

차車가 지나간 도로道路에는
깃털만큼 가벼운 새
한 마리가 누워 있다

피가 조그마한 새의 몸에서
빠져 나가고
파닥파닥 목숨이 날개짓을 할때에
또 다른 차車 한 대가 고속高速으로
날아 갔다

차車들이 지나간 도로道路에는
깃털 몇 개만
바람에 몸을 맡긴 채
날아 다녔다.

# 세월歲月

자고나니 꿈이런가
검은머리 어디가고
백발白髮만 남았는고

물길 따라 흘러간 물은
다시 오지 않아라.

# 풀만큼만 살다가

아내여
이왕 생겨난 거
풀만큼만 살다 가자

억척스럽지 말고
부드러운
풀

바람결에도
가벼이 눕는
그러다가도 다시 일어서는
풀만큼만 살다 가자

세월歲月에 순응順應하다가
늙어지면 사그라지는
풀

가끔은 풀
꽃으로
향내도 내고

그렇게 살다가
풀만큼만 살다 가자.

# 어미〈생멸生滅〉

내
어미가
나를 낳았다

나는
어미 뱃속에서
나왔다

어미는
어미는
죽어서 없다

나도
죽었다
죽어서 없다

어미는
아무도 낳지 않았다

애초

아무것도 없었다

이
오묘奧妙한
우주宇宙의 섭리攝理

어미.

# 가을밤

감씨 먹은 밤이라 놔서
한밤을 꼬박 세워서 보았드랬는데
새벽녘에
하늘에 걸린 감씨가 서西쪽 산山너머
그 너머로 떨어지는 것을 보았드랬는데
서산西山 너머 그 어디쯤에는
감나무 한그루 크게도 자라겠네 했다

마당 한구석 감나무에서
잘 익어 먹음직한 홍시紅柿를 골라내어
또옥 따내어서 한입 베어물고
서산西山너머 감나무에 홍시紅柿도
이만큼이나 달겠네 했다.

# 팔순入旬 노부부老夫婦 이야기

이웃에 사는 노부부老夫婦가
손을 꼬옥 잡고서 나란히 길을 가기에
참 보기가 좋으십니다
인사를 건네었더니
허허虛虛, 우리 이렇게 사네 그려

젊어서
할아버님이 할머님을 많이도
사랑하셨겠습니다하였더니
허허虛虛, 우리 그냥 저냥 웃고 사네 그려

두분이서 이렇게 단장丹粧하고
어디 출타出他하시나보네요 했더니
허허虛虛, 살아서 생전生前에 못 모신 부모父母님
묘소墓所에 성묘省墓다니러 간다네

팔순入旬 노부부老夫婦 손잡고 나란히 걸어가는 뒷모습이
아스라이 멀어져 사라진다.

# 낡은 집 풍경風景

무너질 듯 낡은 집에
고욤나무 혼자서 비를 맞고

돌담장 너머로 가끔씩 들려오는
개 짓는 소리

열어둔 사립문

누구를 기다리는가
댓돌에
고무신 하나

종일終日 추적추적 비는 내리고

마당 한켠에 고욤나무는 그렇게 비를 맞고

양철洋鐵 지붕 위로 비는 내리고
벌겋게 세월歲月이 녹슬어 가고 있었다.

# 까치밥

가을날이면
할아버지는 감나무에서
감을 따내고
감나무에 몇 개 감을 남겨 두었는데
나는 그 감이 더 먹음직하게 보여서
그것을 보고 침만 삼켰더랬는데
할아버지 말씀이
저 감은 까치밥이란다 하시기에
무슨 말인지 몰랐더랬는데
겨울날이면
까치가 우리 집 감나무에 와서
아침부터 울어쌓고 했는데
그때마다 우리 집에
손님이 들었는데
지금에 와서 생각하면
할아버지는
감나무에 손님소식消息을
남겨 둔 듯싶다.

# 후기後記

우공이산愚公移山이라 하였는가
나는
태산泰山을 옮겨보고 싶다
삼태기로.

김사강 시집

# 봄풀의 노래

인 쇄 2011년 3월 25일
발 행 2011년 3월 30일

저 자 김 사 강
발행인 서 정 환
발행처 신아출판사

출판등록 1984년 8월 17일 28호
주 소 전주시 완산구 태평동 251-30
전 화 063275-4000, 252-5633
팩 스 063274-3131
메 일 sina321@hanmail.net
shina321@chol.com

**값 9.000원**

ISBN 978-89-5925-836-9 03810